Walden Partners Neue Reihe

AF217640

Harald Alard Mieg

Ich halte inne und Andacht und dich

Gedichte

Walden Partners Neue Reihe

Druck und Vertrieb: tredition GmbH, Hamburg

ISBN
Paperback: 978-3-9819965-6-2
e-Book: 978-3-9819965-7-9

Walden Partners, Verlag von Schröter + Mieg GbR, Berlin
© 2019 Harald A. Mieg

Abbildungen : Gustav Mieg nach Motiven der Tunisreise
(Klee, Macke, Moilliet)

Ein langes Glück verliert schon allein durch seine Dauer.

G.C. Lichtenberg

Gedichte 1978-1987

und dich

1

Wo Du nicht bist

ist keine Freude

Ein Gott bemisst

Sekundenhäfen

Und ich vergeude

das Pulsen der Schläfen

2

Küss mich : mein Spatz

mit deinem Schnabel

beiss mir ins Ohr

und pick an meinem Fleisch

ich weiß : du hungerst

3

Ich möcht der Lichtstrahl sein,

der steter Gast der Frühe ist

und dich aus deinem Schlaf wachküsst,

der warm in deinen Haaren liegt

und sich an deine Wangen schmiegt,

der Lichtstrahl möcht ich sein,

der lautlos deine Lippen streift

und nicht nach weiten Worten greift.

4

Auf ihrem Mantelflaum

weiß Schneegelock

sie geht

sie geht zur Bahn

und Haargeflock

    und Weiß und Schnee und Fee

um den Kapuzensaum

blickt sie

blickt sie dich an

    im Garten von Monet

Ein Fenster, das sieht
Nach innen wie nach außen
Schön wird es durch dich

Der Morgen guckt rein
Und lässt dich herzlich grüßen
Am Ohr zu knabbern

Da morgent es - ich
Wär lieber nächtigend in
Deinen Traumwinkeln

Wolken hängen tief
Ferne Kräne gucken schief
Wir sehn's positiv

Könnt ich singen, säng

Könnt malen, malte ich dich

So halt... [z.B. küss] ich dich

Mittag in der Stadt

Was stets etwas Schweres hat

Es sei denn: mit dir!

Mein linker Zeh, er

Sehnt sich nach deiner Wärme

Und überhaupt: ich auch

Wetter juckt mich nich

Herbst und so - nich wesentlich

Weil: ich liebe dich

Heut früh berührten

Meine Finger das Papier

Und lasen von uns

Liebe stürmt - oder?

Liebe setzt sich auch - oder?

Egal - hab dich lieb

Stillere Tage

Kommen uns zwei zu feiern

In unserm Sommer

16

und senk ich den Kopf

und blick die Brauen hinauf

so sehe ich dich

was es auch sei

es zeichnet dich nach

ich streich dir das Haar aus der Stirn

einst las ich auf ihr

ich schreib dir das Mal auf den Mund

versprich mir jetzt nichts

was es auch sei

du bist es nicht

17

mein Herzblatt ist Schneiderin

        ich fürchte auch weiterhin

was schneiderst du mir?

        den Stahlscherenglast

ein Jäckchen gar eng

        und Worte von dir

        in die ich mich zwäng

er strampelt   es passt

18

So mancher See gefriert nur einmal zu

mein Spatz, ich suche dir Beeren
's ist Heidelbeersommer

man sehe wie erhitztes Glas
kaum merklich kühlt wie
es erstarrt noch unter
einer warmen Hand
zerspringt bevor man greift
verwittert es

man sagt: ein schöner Sommer

schon spiegelt Firnis wie Wasser

Du bist fort

19

Der Tisch ist gedeckt
wie immer für zwei
am Tellerrand steckt
ein Kärtchen: verzeih!

was er wohl vergaß?
das Obst war geschält
er dreht leicht ihr Glas
er weiß: etwas fehlt

er setzt sich und seufzt
der Kaffee ist heiß
von Ellbogen läufts
hinab auf das Weiß

er sitzt und er schweigt

die Träne kein Wort

der Kaffeedampf steigt

ein Jahr ist sie fort

er schaut wie sie sacht

vom Schwarzbrot sich nimmt

nie hat er gedacht

dass etwas nicht stimmt

er sitzt und er seufzt

und dreht leicht das Glas

heißts Leben zerläufts

kein Ziel und kein Maß

die Tür ist versperrt

der Kaffee wird kalt

ob Kummer verjährt?

der Kaffee ist kalt

er greift ihr ins Haar

und küsst sie ganz sacht

vor fast einem Jahr

nie hat er gedacht

sie - weißer als Schnee

steht auf - ob er träumt

sie sagt noch: ade -

's ist unabgeräumt

der Tisch ist gedeckt

noch immer für zwei

am Tellerrand steckt

sein Kärtchen: verzeih!

20

Ich halte inne
und Andacht
und dich

M wie München

VIOLINSPIEL

vierhundertvierzig Hertz

ich strich klamm Kammerton

behutsam vibrierend still

verstarben halb Hoffnungen

des hastenden oft jungen

Gezitters gebierend viel

verloren sich mein Sohn

versandeten hochseewärts

vierhundertvierzig Hertz

KAUFHOFIEREND

marienplatzend
biss mich die Fresssucht

es riss mich die Menge der Lüsternen
kaufhofierend

rollabtreppend
stieß mich das Wegmaul

es schmiss mich die Masse der Raffenden
käsewarend

und hinaufzugend
schiss ich Kaufhofkäse ins Eck

TAG DER SÄUFER

angebrochen

als Flasche Schnaps

lechzt er

durstig wie ein schwüler Morgen

nach dem Hals der Muttermilch

trinkt

voll Trunkenheit der Seismographen

aus dem Glas der Straßen den Eiter mit-
tagswarm

speit zerläuft versickert

zwischen seinen Scherben

ins graue Fell der Mottendärme

bis zum nächsten Ausschank

GLAUBE, LIEBE, HOFFNUNG

Glaube, Liebe, Hoffnung,
doch die Liebe...

Glaube, liebe Hoffnung!
es wird schon...

Hoffe, liebe Glaubung!
wer wird denn...

glaubensnackt
hoffentblößt
liebe!

DAS ZIRPEN MEINES KÜHLSCHRANKS

Das Zirpen meines Kühlschranks,
es zeichnet
auf traumschwerverschlossenem Auge
das Bild keiner Welt.

Keiner sähe die Grille,
hört sie denn einer?

Der Kühlschrank ist defekt.

ES WIRD HERBST

Blatt
　sattgelb welkdurchtränkt
　　wie angesengt braun vielleicht gold
　　wie leicht fällst du
　　　hältst dich am Wind
　　　wo sind...
　　　du stutzt
du sitzt vielleicht im Bahnabteil
　derweil der Herbst verweht
　entgeht dir etwas ist vorbei
　vorbei noch unvermisst
doch ist dir Haut verbrannt
　Hand mattblatt-gilbgereift
　was begreift dich auf
　auf

ES WIRD WINTER

kein Schnee gekehrt

wenn keiner fällt

auf den Verweißungen

ES WIRD FRÜHLING

Eines Morgens, da kam - Licht zerrte am Rollo -
Groß der Frühling nach M, höhergestiegen aus
U-Bahn-Schächten, so stand er
Auf den Balkonen und rief: 's ist Zeit!

Eines Morgens, da kam - spült ich doch grad den Mund -
Der Versandkatalog "Frühjahr": der Wind schlug auf
Für Getulpe und Zwitschern,
Samen tropft von den Blättern ab

Tausch ihn um! es ist d e i n Frühling nicht, sagt ich mir
Kaum im Mantel, schlugs zehn, kam ich dann nicht mehr
raus,
Weil schon Mai vor der Tür stand.
Ja, ich legte mich wieder hin.

ES WIRD SOMMER

Blickt auf! der Sommer prangt barock in blauem Ton
Die Fliegen steigen hoch an goldnen Obstauslagen
Wer unterm Sommer lebt, der lebt in langen Tagen
Ein Jedes füge sich! die Welt ist homophon

Wer in den Sommern lebt, der ist ein Sphärensohn
Wer mit den Sommern lebt, der spielt auf allen Lagen
Die Saiten springen dir! wann hättst du's heiß vertragen
Der spielt selbst principal auf einem einzgen Ton

Die Hitze gießt euch ein! sie formt euch zur Kantate
Du wirst im Cantus firm des Springbrunns nicht Fermate!
Wer wie ein Sommer lebt, dem ist Musik sein Wort

Blickt auf! der Sommer prangt barock im Tongebäude
Und alles füge sich! concerto gross der Freude
Wer unterm Sommer lebt, den stützt auch der Akkord

IM GARTEN IN DER STADT, EIN HAIKU

Schwarzamsl hüpf + hüpf

Wie's stromsingend Rasen mäht

Flattern Steine quer

HERZWENDE

Herzblatt gilbt
wie's Mondherz
fahl im Herzlicht

Vor der Herzwende
blutet Rotwein
aus entkorkten Leibern
ins geherzte Glas

Vor der Herzwende
ins weiße Quadrat
das ist die andre Herzwandseite
das ist ein Mondblatt im Wind
einer Weiße aus blutendem Glas

AUßERHALB

Ich stehe außerhalb

außer Halbherzigen

aus erhaltenen Worten

glauben mich innerhalb

derer, die das Außerhalb

umschließt nichts mehr

zu wollen

EINES MORGENS

Im Ausguss gluckerts empor
wie Wetterbericht
Nebl verspricht
sind Vorhäng noch vor

Blickt in Tee, 's schellt
laut, als wärs bei ihm
's ist siebn
und Klingl abgstellt

Steht auf ohne gtrunken zu habn
und als gegn zehn
will gehn
an Tür Telegramm

LIEBE GRUESSE

Murmelt: Irrtum oder wer

will mir widern Stolz

was solls

's trifft mich nicht mehr

Schaut in Kasten : noch kein Brief

von Irgend-nicht-mehr-Gkannten, den

unbesehn

er zerrisse demonstrativ

Zog einer ein und sich zurück

weil der - man weiß - andern nie

sich verzieh

die sagn: der schreibt ein Stück

ER HAT GRUENDE

Der warf Tür vor Zeit

hinter sich zu, bis von ihm nach und nach

keiner mehr sprach

der schloss Fenster vorm Leid

Wer dächt sich das? sieht im Bus

gwesnen Freund, sieht hinaus

steigt aus

wo nichts zu sagn, geht er zu Fuß

Schaufensterpuppen unterm Blick

kennt Menschenshow

nur zu gnau

hat Rheuma im Gnick

ICH BINS NUR ICH

Sprichts, dein Freund, den du riefst

ich bin dein Gdanke von dir

bin dein Gschwür

das du dir verschreibst und verbriefst

Du bist dein Telegramm : abgschickt

und deine Tür, die bist du

die ist zu...

stumm liegt Straße soweit er blickt

Blickt in Tee : Ausguss, gut

hast du gesprochn! lacht h'raus

trinkt aus

und nimmt Mantel und Hut

Es ist zehn nach sieben, Nebel fällt,

da macht er sich frei, zieht aus von daheim,

er wirft sich ein,

gibt sich auf : bald wird er zugestellt

HOFFNUNG

Wenn nicht in blauen

so in grauen Himmel

zeichne einen Schmetterling

der sei die Sonne: rot und weiß in einem

und sei es nur Zeichnung

wenn nicht so sprich

den Flug des Schmetterlings

ins Bild der Luft

das sei dir der Wind: sturm und still zugleich

und sei's nur ein Schrei

wenn nicht, so schweig

dich

ins Auf und Ab des Faltergeflatters

und sei's nur ein Wort: Hoffnung

WIE EIN Skiunfall

Kant

verkannt

verkantet

B.B. = bersönliches Bech

Aufbruch

- UND MENSCHEN

Zeiten und Menschen

lange verschwiegen

lange Gesichter

mir meine Herkunft

vom Geschlechte der Schlächter

       - und Menschen

MAN LERNT NIE AUS

man lernt nie aus
> Geschichte
> geht über alles
>> hinaus
>> was zu begreifen
>> man noch wünscht

REISENDE SIND WIR (I)

Reisende sind wir

fraglos Durchreisende
schienen-
sangklapperndenohres horizont-
schwimmendenauges aug-
undarglos bahnhofs-
glitternd ohnesinnezuschätzen gesehnes
besinnungsentrissen
Durchreißende
haltestellen-
vorschnellendenhändedrucks reiseführer-
bebrilltergedanken dank-
undgesichtslos städte-
splitternd ohnesinnfürdas andre
Durchrissene frag-
undgewichtslos fähn-
chenfet-zen-
flitterndoh-
nesinn

MANNHEIM AM RHEIN

eh
ich
oder ein anderer
stehenden Fußes
floh
als sie das Dorf niederbrannten
    die Stadt zu bauen
als der 30jährige Krieg durchzog
    dran glauben zu lassen
und die Pest folgte
und Franzosen
da versprach ich mir
    wer verspricht sich nicht?
oder dem andern
hier oder dort
zurückzukehren
mit dem Hochwasser
    und dem Feuer das der Durst ist
mit gebrochenen Ästen und gestürzter Schuld
    den Glauben gewendet
an mich
oder den anderen

WIEN, EINE ALTE FRAU EINEN ÖFFENTLICHEN ABFALLKORB DURCHSUCHEND

Ihr Atem ist Bier
aus den Bechern des Kummers, die ihr
die Kriege eingegossen

Wieviele Gläser Mitleid sind zu leeren?

Ihr Auge - der Abfalleimer
aus dem sie ihre Seele klaubt
die sie so oft schon weggeworfen

Nur wer immer noch bettelt, der glaubt!

Die Wangen, Gossen
der eiternden Stadt, sie quellen auf
vor Wut, die sich in jeden Weg geworfen

Wer wollte Pflastersteine belehren,
es sei denn, man reißt die Straße auf.

REISENDE SIND WIR (II)

Reisende

sind wir

Durchreisende-durch-reisen-besin

nungsentrissen-reißen-wir-durch-die verschlun

genen-ar me-und-wor te-sind-durchris

senesegel vorm Wind

WENN DER KRIEG KOMMT

Ich möchte in den Städten sterben,
wenn der Krieg kommt.

Im Theater werd ich sitzen,
wenn der letzte Vorhang fällt;
der Applaus ist abgestellt.

Zeitungsreste werd ich wenden,
dann wenn die Kulisse fällt;
das Programm ist abbestellt.

Ich möchte mit den Städten sterben.

Den Direktor werd ich rufen,
schließlich wenn die Decke fällt;
der Betrieb wird eingestellt.

Wenn der Krieg kommt.

ICH KIND DER SCHULD

toter Fisch!

ich schlucke die Gräten der Schuld

wo war ich

als man dich schuf

und dich erschlug

als einer das Schlagen erschuf

und niemanden frug

und alles Meer zu Blut vernetzte

wo war ich?

toter Fisch!

einer beizeiten

ein Biss sei der letzte

nun sich entweiden

allen Fischseins!

toter Fisch!

ich Kind der Schuld, das letzte,

sei keins

AUFBRUCH

ich stehe auf
> vom Schweigen
> > der Schale

ich nehme den Hut
> und ein Gesicht
> > aus Kalk

ich öffne die Tür
> als wärs mein Mund
> > von Perlmutt

und trete hinaus
> vielleicht aus mir
> > und ein ins Gemurmel der Muscheln